Impressum
Verlag: BABADADA GmbH, Nedderfeld 112 , 22529 Hamburg
Geschäftsführer / Verlagsleitung: Harald Hof
Druck: Books on Demand GmbH, In de Tarpen 42, 22848 Norderstedt

Imprint
Publisher: BABADADA GmbH, Nedderfeld 112 , 22529 Hamburg, Germany
Managing Director / Publishing direction: Harald Hof
Print: Books on Demand GmbH, In de Tarpen 42, 22848 Norderstedt

# Schule
## koulu

dividieren
jakaa

$186/2$

Klassenzimmer
luokkahuone

Tafel
taulu

Schulhof
koulunpiha

Lehrer
opettaja

Papier
paperi

schreiben
kirjoittaa

Stift
kynä

Schreibtisch
kirjoituspöytä

Lineal
viivoitin

Buch
kirja

Schüler
oppilas

Schultasche

reppu

Federmappe

penaali

Bleistift

lyijykynä

Bleistiftspitzer

kynänteroitin

Radierer

pyyhekumi

Zeichenblock

piirustuslehtiö

Zeichnung

piirustus

Pinsel

pensseli

Malkasten

vesivärit

Schere

sakset

Klebstoff

liima

Übungsheft

harjoituskirja

Hausübung

kotitehtävä

Zahl

luku

addieren

lisätä

subtrahieren

vähentää

multiplizieren

kertoa

rechnen

laskea

Buchstabe

kirjain

Alphabet

aakkoset

Wort

sana

Text

teksti

lesen

lukea

Kreide

liitu

Unterrichtsstunde

oppitunti

Klassenbuch

opettajan muistikirja

Prüfung

koe

Zeugnis

todistus

Schuluniform

koulupuku

Ausbildung

koulutus

Lexikon

sanakirja

Universität

yliopisto

Mikroskop

mikroskooppi

Karte

kartta

Papierkorb

roskakori

Hotel
hotelli

Grand

Herberge
retkeilymaja

ROOMS

Wechselstube
rahanvaihto

EXCHANGE

Koffer
matkalaukku

Auto
auto

Sprache
kieli

ja / nein
kyllä / ei

Okay
selvä

Hallo
hei

Dolmetscherin
tulkki

Danke
kiitos

Wie viel kostet …?

Paljonko...maksaa?

Ich verstehe nicht.

en ymmärrä

Problem

ongelma

Guten Abend!

Hyvää iltaa!

Guten Morgen!

Hyvää huomenta!

Gute Nacht!

Hyvää yötä!

Auf Wiederschaun!

näkemiin

Richtung

suunta

Gepäck

matkatavarat

Tasche

laukku

Rucksack

reppu

Gast

vieras

Zimmer

huone

Schlafsack

makuupussi

Zelt

teltta

Touristeninformation

turisti-info

Strand

ranta

Kreditkarte

luottokortti

Frühstück

aamupala

Mittagessen

lounas

Abendessen

päivällinen

Fahrkarte

matkalippu

Lift

hissi

Briefmarke

postimerkki

Grenze

raja

Zoll

tulli

Botschaft

suurlähetystö

Visum

viisumi

Pass

passi

Flugzeug
lentokone

Schiff
laiva

Feuerwehrauto
paloauto

Bus
linja-auto

Lastwagen
kuorma-auto

Motorboot
moottorivene

Fahrrad
polkupyörä

Auto
auto

Fähre

lautta

Boot

vene

Motorrad

moottoripyörä

Polizeiauto

poliisiauto

Rennauto

kilpa-auto

Mietwagen

vuokra-auto

Carsharing

car sharing

Abschleppwagen

hinausauto

Müllwagen

roska-auto

Motor

moottori

Kraftstoff

polttoaine

Tankstelle

huoltoasema

Verkehrsschild

liikennemerkki

Verkehr

liikenne

Stau

ruuhka

Parkplatz

parkkipaikka

Bahnhof

rautatieasema

Schienen

raiteet

Zug

juna

Straßenbahn

raitiovaunu

Wagon

vaunu

Hubschrauber

helikopteri

Flughafen

lentokenttä

Tower

lähilennonjohto

Passagier

matkustaja

Container

kontti

Karton

pahvilaatikko

Rollwagen

kärryt

Korb

kori

starten / landen

nousta / laskea

# Stadt
## kaupunki

Dorf

kylä

Stadtzentrum

keskusta

Haus

talo

Kino
elokuvateatteri

Werbung
mainos

Straßenlaterne
katuvalo

CINEMA

Straße
katu

Taxi
taksi

Kiosk
kioski

Fußgänger
jalankulkija

Gehsteig
jalkakäytävä

Zebrastreifen
suojatie

Mülltonne
jäteastia

Kreuzung
risteys

Ampel
liikennevalot

Hütte

mökki

Wohnung

kerrostalo

Bahnhof

rautatieasema

Rathaus

kaupungintalo

Museum

museo

Schule

koulu

Universität

yliopisto

Bank

pankki

Spital

sairaala

Hotel

hotelli

Apotheke

apteekki

Büro

toimisto

Buchhandlung

kirjakauppa

Geschäft

liike

Blumenladen

kukkakauppa

Supermarkt

supermarketti

Markt

tori

Kaufhaus

tavaratalo

Fischhändler

kalakauppias

Einkaufszentrum

ostoskeskus

Hafen

satama

Park

puisto

Bank

penkki

Brücke

silta

Stiege

portaat

U-Bahn

metro

Tunnel

tunneli

Bushaltestelle

linja-autopysäkki

Bar

baari

Restaurant

ravintola

Briefkasten

postilaatikko

Straßenschild

katukyltti

Parkuhr

parkkimittari

Zoo

eläintarha

Badeanstalt

uimala

Moschee

moskeija

**Bauernhof**

maatila

**Umweltverschmutzung**

ympäristön saastuminen

**Friedhof**

hautausmaa

**Kirche**

kirkko

**Spielplatz**

leikkikenttä

**Tempel**

temppeli

# Landschaft
## maisema

Blatt
lehti

Wegweiser
tienviitta

Weg
tie

Wiese
niitty

Stein
kivi

Baum
puu

Wanderer
retkeilijä

Fluss
joki

Gras
ruoho

Blume
kukka

Tal

laakso

Hügel

vuori

See

järvi

Wald

metsä

Wüste

aavikko

Vulkan

tulivuori

Schloss

linna

Regenbogen

sateenkaari

Pilz

sieni

Palme

palmu

Moskito

hyttynen

Fliege

kärpänen

Ameise

muurahainen

Biene

mehiläinen

Spinne

hämähäkki

Käfer

kovakuoriainen

Frosch

sammakko

Eichhörnchen

orava

Igel

siili

Hase

jänis

Eule

pöllö

Vogel

lintu

Schwan

joutsen

Wildschwein

villisika

Hirsch

peura

Elch

hirvi

Staudamm

pato

Windrad

tuulimylly

Solarmodul

aurinkopaneeli

Klima

ilmasto

Landschaft - maisema

Kellner
tarjoilija

Speisekarte
ruokalista

Sessel
tuoli

Suppe
keitto

Pizza
pitsa

Besteck
ruokailuvälineet

Tischdecke
pöytäliina

Vorspeise
alkuruoka

Hauptgericht
pääruoka

Nachspeise
jälkiruoka

Getränke
juomat

Essen
ruoka

Flasche
pullo

Fastfood

pikaruoka

Streetfood

katuruoka

Teekanne

teekannu

Zuckerdose

sokeriastia

Portion

annos

Espressomaschine

espressokeitin

Kinderstuhl

syöttötuoli

Rechnung

lasku

Tablett

tarjotin

Messer

veitsi

Gabel

haarukka

Löffel

lusikka

Teelöffel

teelusikka

Serviette

servietti

Glas

lasi

| | | |
|---|---|---|
|  |  |  |
| Teller | Suppenteller | Untertasse |
| lautanen | syvä lautanen | aluslautanen |
|  |  |  |
| Sauce | Salzstreuer | Pfeffermühle |
| kastike | suolasirotin | pippurimylly |
|  |  |  |
| Essig | Öl | Gewürze |
| etikka | öljy | mausteet |
|  |  |  |
| Ketchup | Senf | Mayonnaise |
| ketsuppi | sinappi | majoneesi |

# Supermarkt
## supermarketti

Angebot
tarjous

Kunde
asiakas

Milchprodukte
maitotuotteet

Obst
hedelmät

Einkaufswagen
ostoskärryt

Schlachterei

teurastamo

Bäckerei

leipomo

wiegen

punnita

Gemüse

kasvikset

Fleisch

liha

Tiefkühlkost

pakasteet

Aufschnitt

leikkele

Konserven

säilykkeet

Waschmittel

pesujauhe

Süßigkeiten

makeiset

Haushaltsartikel

kotitaloustarvikkeet

Reinigungsmittel

puhdistusaineet

Verkäuferin

myyjä

Kassa

kassa

Kassiererin

kassanhoitaja

Einkaufsliste

ostoslista

Öffnungszeiten

aukioloajat

Brieftasche

lompakko

Kreditkarte

luottokortti

Tasche

kassi

Plastiktüte

muovipussi

Wasser

vesi

Saft

mehu

Milch

maito

Cola

kokis

Wein

viini

Bier

olut

Alkohol

alkoholi

Kakao

kaakao

Tee

tee

Kaffee

kahvi

Espresso

espresso

Cappuccino

cappuccino

Banane

banaani

Apfel

omena

Orange

appelsiini

Melone

meloni

Zitrone

sitruuna

Karotte

porkkana

Knoblauch

valkosipuli

Bambus

bambu

Zwiebel

sipuli

Pilz

sieni

Nüsse

pähkinät

Nudeln

spagetti

Spaghetti

spagetti

Reis

riisi

Salat

salaatti

Pommes frites

ranskalaiset

Bratkartoffeln

paistetut perunat

Pizza

pitsa

Hamburger

hampurilainen

Sandwich

voileipä

Schnitzel

leike

Schinken

kinkku

Salami

salami

Wurst

makkara

Huhn

kana

Braten

paisti

Fisch

kala

Haferflocken

kaurahiutaleet

Müsli

mysli

Cornflakes

murot

Mehl

jauho

Croissant

voisarvi

Semmel

sämpylä

Brot

leipä

Toast

paahtoleipä

Kekse

keksit

Butter

voi

Topfen

rahka

Kuchen

kakku

Ei

kananmuna

Spiegelei

paistettu kananmuna

Käse

juusto

Eiscreme

jäätelö

Zucker

sokeri

Honig

hunaja

Marmelade

hillo

Schokoladenaufstrich

suklaapähkinälevite

Curry

curry

Bauernhaus
maatila

Scheune
lato; liiteri

Strohballen
heinäpaali

Feld
pelto

Pferd
hevonen

Anhänger
peräkärry

Fohlen
varsa

Traktor
traktori

Esel
aasi

Schaf
lammas

Lamm
karitsa

| | | |
|---|---|---|
|  |  |  |
| Ziege | Kuh | Kalb |
| vuohi | lehmä | vasikka |
|  |  |  |
| Schwein | Ferkel | Stier |
| sika | porsas | sonni |

Gans

hanhi

Ente

ankka

Küken

tipu

Huhn

kana

Hahn

kukko

Ratte

rotta

Katze

kissa

Maus

hiiri

Ochse

härkä

Hund

koira

Hundehütte

koirankoppi

Gartenschlauch

puutarhaletku

Gießkanne

kastelukannu

Sense

viikate

Pflug

aura

Sichel

sirppi

Hacke

kuokka

Mistgabel

talikko

Axt

kirves

Schubkarre

kottikärryt

Trog

kaukalo

Milchkanne

maitokannu

Sack

säkki

Zaun

aita

Stall

talli

Treibhaus

kasvihuone

Boden

maa

Saat

siemen

Dünger

lannoite

Mähdrescher

leikkuupuimuri

ernten

kerätä sato

Ernte

sato

Yamswurzel

jamssit

Weizen

vehnä

Soja

soija

Erdapfel

peruna

Mais

maissi

Raps

rypsi

Obstbaum

hedelmäpuu

Maniok

maniokki

Getreide

vilja

Schornstein
savupiippu

Dach
katto

Regenrinne
sadevesikouru

Fenster
ikkuna

Garage
autotalli

Klingel
ovikello

Tür
ovi

Abfallkübel
roska-astia

Briefkasten
postilaatikko

Garten
puutarha

Wohnzimmer
olohuone

Badezimmer
kylpyhuone

Küche
keittiö

Schlafzimmer
makuuhuone

Kinderzimmer
lastenhuone

Esszimmer
ruokahuone

**Boden**

lattia

**Wand**

seinä

**Decke**

katto

**Keller**

kellari

**Sauna**

sauna

**Balkon**

parveke

**Terrasse**

terassi

**Schwimmbad**

uima-allas

**Rasenmäher**

ruohonleikkuri

**Bettbezug**

lakana

**Bettdecke**

päiväpeitto

**Bett**

sänky

**Besen**

harja

**Kübel**

ämpäri

**Schalter**

katkaisin

Tapete
tapetti

Bild
kuva

Lampe
lamppu

Regal
hylly

Schrank
kaappi

Kamin
takka

Fernseher
televisio

Blume
kukka

Polster
tyyny

Sofa
sohva

Vase
maljakko

Fernbedienung
kaukosäädin

Teppich
matto

Vorhang
verho

Tisch
pöytä

Sessel
tuoli

Schaukelstuhl
keinutuoli

Sessel
nojatuoli

Buch

kirja

Decke

peitto

Dekoration

koriste

Feuerholz

polttopuut

Film

elokuva

Stereoanlage

stereot

Schlüssel

avain

Zeitung

sanomalehti

Gemälde

maalaus

Poster

juliste

Radio

radio

Notizblock

muistivihko

Staubsauger

pölynimuri

Kaktus

kaktus

Kerze

kynttilä

Kühlschrank
jääkaappi

Mikrowelle
mikroaaltouuni

Küchenwaage
keittiövaaka

Toaster
leivänpaahdin

Reinigungsmittel
pesuaine

Backofen
leivinuuni

Gefrierfach
pakastinlokero

Abfallkübel
roska-astia

Geschirrspüler
astianpesukone

Herd

liesi

Topf

kattila

Eisentopf

rautapata

Wok / Kadai

vokkipannu / kadai-pannu

Pfanne

paistinpannu

Wasserkocher

teepannu

Dampfgarer

höyrykeitin

Backblech

uunipelti

Geschirr

astiat

Becher

muki

Schale

kulho

Essstäbchen

syömäpuikot

Schöpflöffel

kauha

Pfannenwender

paistinlasta

Schneebesen

vispilä

Kochsieb

siivilä

Sieb

siivilä

Reibe

raastin

Mörser

mortteli

Grill

grilli

Kaminfeuer

avotuli

**Schneidebrett**

leikkuulauta

**Nudelholz**

kaulin

**Korkenzieher**

korkinavaaja

**Dose**

purkki

**Dosenöffner**

purkinavaaja

**Topflappen**

pannulappu

**Waschbecken**

lavuaari

**Bürste**

tiskiharja

**Schwamm**

pesusieni

**Mixer**

tehosekoitin

**Gefriertruhe**

pakastin

**Babyflasche**

tuttipullo

**Wasserhahn**

vesihana

Dusche
suihku

Heizung
lämmitys

Handtuch
pyyhe

Duschvorhang
suihkuverho

Schaumbad
vaahtokylpy

Badewanne
kylpyamme

Glas
lasi

Waschmaschine
pesukone

Fliesen
kaakelit

Wasserhahn
vesihana

Nachttopf
potta

Waschbecken
lavuaari

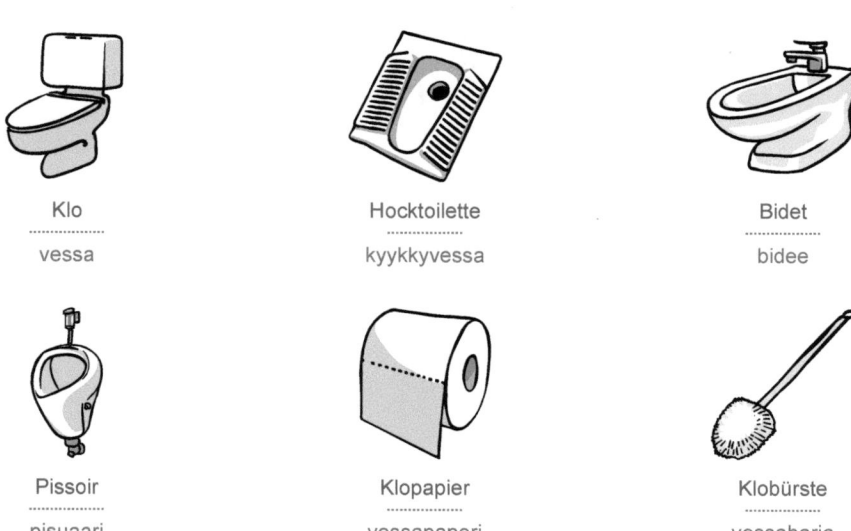

| Klo | Hocktoilette | Bidet |
|-----|-------------|-------|
| vessa | kyykkyvessa | bidee |

| Pissoir | Klopapier | Klobürste |
|---------|-----------|-----------|
| pisuaari | vessapaperi | vessaharja |

Zahnbürste

hammasharja

Zahnpasta

hammastahna

Zahnseide

hammaslanka

waschen

pestä

Handbrause

käsisuihku

Intimdusche

intiimisuihku

Waschschüssel

pesuvati

Rückenbürste

selkäharja

Seife

saippua

Duschgel

suihkugeeli

Shampoo

shampoo

Waschlappen

pesulappu

Abfluss

viemäri

Creme

voide

Deodorant

deodorantti

Spiegel

peili

Kosmetikspiegel

käsipeili

Rasierer

partaveitsi

Rasierschaum

partavaahto

Rasierwasser

partavesi

Kamm

kampa

Bürste

harja

Föhn

hiustenkuivaaja

Haarspray

hiuslakka

Makeup

meikki

Lippenstift

huulipuna

Nagellack

kynsilakka

Watte

pumpuli

Nagelschere

kynsisakset

Parfum

hajuvesi

Kulturbeutel

kosmetiikkalaukku

Hocker

jakkara

Waage

vaaka

Bademantel

kylpytakki

Gummihandschuhe

kumihansikkaat

Tampon

tamponi

Damenbinde

terveysside

Chemietoilette

kemiallinen wc

Wecker
herätyskello

Kuscheltier
pehmolelu

Spielzeugauto
leikkiauto

Rassel
helistin

Puppenhaus
nukkekoti

Geschenk
lahja

Ballon

ilmapallo

Bett

sänky

Kinderwagen

lastenvaunut

Kartenspiel

korttipeli

Puzzle

palapeli

Comic

sarjakuva

Legosteine

legopalikat

Bausteine

rakennuspalikat

Actionfigur

supersankari

Strampelanzug

potkupuku

Frisbee

frisbee

Mobile

mobile

Brettspiel

lautapeli

Würfel

noppa

Modelleisenbahn

pienoisjunarata

Schnuller

tutti

Party

juhlat

Bilderbuch

kuvakirja

Ball

pallo

Puppe

nukke

spielen

leikkiä

Sandkasten

hiekkalaatikko

Schaukel

keinu

Spielzeug

lelut

Spielkonsole

pelikonsoli

Dreirad

kolmipyörä

Teddy

nalle

Kleiderschrank

vaatekaappi

# Kleidung
## vaatteet

Socken

sukat

Strümpfe

nylonsukat

Strumpfhose

sukkahousut

Schal
kaulaliina

Regenschirm
sateenvarjo

Gürtel
vyö

T-Shirt
t-paita

Turnschuhe
lenkkarit

Stiefel
saappaat

Hausschuhe
sisätossut

Sandalen
sandaalit

Schuhe
kengät

Gummistiefel
kumisaappaat

Unterhose
alushousut

Büstenhalter
rintaliivit

Unterhemd
aluspaita

Body

body

Hose

housut

Jeans

farkut

Rock

hame

Bluse

pusero

Hemd

paita

Pullover

villapaita

Kapuzenpullover

collegepaita

Blazer

jakku

Jacke

takki

Mantel

takki

Regenmantel

sadetakki

Kostüm

puku

Kleid

mekko

Hochzeitskleid

hääpuku

Anzug

puku

Nachthemd

yöpaita

Pyjama

pyjama

Sari

shari

Kopftuch

päähuivi

Turban

turbaani

Burka

burka

Kaftan

kaftaani

Abaya

abaya

Badeanzug

uimapuku

Badehose

uimahousut

kurze Hose

shortsit

Jogginganzug

verkkarit

Schürze

esiliina

Handschuhe

käsineet

Knopf

nappi

Brille

silmälasit

Armband

rannekoru

Halskette

kaulakoru

Ring

sormus

Ohrring

korvakoru

Mütze

lippalakki

Kleiderbügel

ripustin

Hut

hattu

Krawatte

solmio

Reißverschluss

vetoketju

Helm

kypärä

Hosenträger

henkselit

Schuluniform

koulupuku

Uniform

univormu

Lätzchen

ruokalappu

Schnuller

tutti

Windel

vaippa

# Büro

## toimisto

Server
palvelin

Aktenschrank
asiakirjakaappi

Drucker
tulostin

Monitor
näyttö

Papier
paperi

Maus
hiiri

Schreibtisch
kirjoituspöytä

Ordner
kansio

Tastatur
näppäimistö

Papierkorb
roskakori

Sessel
tuoli

Computer
tietokone

Kaffeebecher

kahvimuki

Taschenrechner

taskulaskin

Internet

internet

Laptop

kannettava tietokone

Brief

kirje

Nachricht

viesti

Handy

kännykkä

Netzwerk

verkko

Kopierer

kopiokone

Software

ohjelmisto

Telefon

puhelin

Steckdose

pistorasia

Fax

faksi

Formular

lomake

Dokument

asiakirja

kaufen

ostaa

bezahlen

maksaa

handeln

vaihtaa

Geld

raha

Dollar

dollari

Euro

euro

Yen

jeni

Rubel

rupla

Franken

frangi

Renminbi Yuan

renminbi juan

Rupie

rupia

Bankomat

pankkiautomaatti

Wechselstube

rahanvaihto

Gold

kulta

Silber

hopea

Öl

öljy

Energie

energia

Preis

hinta

Vertrag

sopimus

Steuer

vero

Aktie

osake

arbeiten

työskennellä

Angestellte

työntekijä

Arbeitgeber

työnantaja

Fabrik

tehdas

Geschäft

liike

Polizist
poliisi

Feuerwehrmann
palomies

Koch
kokki

Ärztin
lääkäri

Pilot
lentäjä

Gärtner

puutarhuri

Tischler

puuseppä

Schneiderin

ompelija

Richter

tuomari

Chemikerin

kemisti

Schauspieler

näyttelijä

Busfahrer

linja-autonkuljettaja

Taxifahrer

taksinkuljettaja

Fischer

kalastaja

Putzfrau

siivooja

Dachdecker

katontekijä

Kellner

tarjoilija

Jäger

metsästäjä

Maler

maalari

Bäcker

leipuri

Elektriker

sähköasentaja

Bauarbeiter

rakentaja

Ingenieur

insinööri

Schlachter

teurastaja

Installateur

putkiasentaja

Briefträgerin

postinjakaja

Soldat

sotilas

Architekt

arkkitehti

Kassiererin

kassanhoitaja

Blumenhändlerin

floristi

Friseur

kampaaja

Schaffner

konduktööri

Mechaniker

mekaanikko

Kapitän

kapteeni

Zahnärztin

hammaslääkäri

Wissenschaftler

tiedemies

Rabbi

rabbi

Imam

imaami

Mönch

munkki

Pfarrer

pappi

Hammer
vasara

Zange
pihdit

Schraubenzieher
ruuvimeisseli

Schraubenschlüssel
jakoavain

Taschenlampe
taskulamppu

Bagger
kaivinkone

Werkzeugkasten
työkalupakki

Leiter
tikkaat

Säge
saha

Nägel
naulat

Bohrer
pora

reparieren

korjata

Schaufel

lapio

Scheiße!

Hitto!

Kehrschaufel

rikkalapio

Farbtopf

maalipurkki

Schrauben

ruuvit

# Musikinstrumente
## soittimet

Schlagzeug
rummut

Lautsprecher
kaiuttimet

Gitarre
kitara

Kontrabass
kontrabasso

Trompete
trumpetti

Klavier

piano

Violine

viulu

Bass

basso

Pauke

patarummut

Trommeln

rumpu

Tastatur

kosketinsoitin

Saxophon

saksofoni

Flöte

huilu

Mikrofon

mikrofoni

Eingang
sisäänkäynti

Tiger
tiikeri

Käfig
häkki

Zebra
seepra

Tierfutter
eläinten ruoka

Panda
panda

Tiere

eläimet

Elefant

norsu

Känguru

kenguru

Nashorn

sarvikuono

Gorilla

gorilla

Bär

karhu

Kamel

kameli

Strauß

strutsi

Löwe

leijona

Affe

apina

Flamingo

flamingo

Papagei

papukaija

Eisbär

jääkarhu

Pinguin

pingviini

Hai

hai

Pfau

riikinkukko

Schlange

käärme

Krokodil

krokotiili

Zoowärter

eläintarhanhoitaja

Robbe

hylje

Jaguar

jaguaari

Pony

poni

Leopard

leopardi

Nilpferd

virtahepo

Giraffe

kirahvi

Adler

kotka

Wildschwein

villisika

Fisch

kala

Schildkröte

kilpikonna

Walross

mursu

Fuchs

kettu

Gazelle

gaselli

American Football
amerikkalainen jalkapallo

Radfahren
pyöräily

Tennis
tennis

Basketball
koripallo

Schwimmen
uinti

Boxen
nyrkkeily

Eishockey
jääkiekko

Fußball

jalkapallo

Badminton

sulkapallo

Leichtathletik

yleisurheilu

Handball

käsipallo

Skifahren

hiihto

Polo

poolo

lachen
nauraa

springen
hypätä

umarmen
halata

gehen
kävellä

singen
laulaa

träumen
unelmoida

beten
rukoilla

küssen
suudella

schreiben

kirjoittaa

zeichnen

piirtää

zeigen

näyttää

drücken

painaa

geben

antaa

nehmen

ottaa

haben
omistaa

machen
tehdä

sein
olla

stehen
seisoa

laufen
juosta

ziehen
vetää

werfen
heittää

fallen
kaatua

liegen
maata

warten
odottaa

tragen
kantaa

sitzen
istua

anziehen
pukeutua

schlafen
nukkua

aufwachen
herätä

ansehen
katsoa

weinen
itkeä

streicheln
silittää

frisieren
kammata

reden
puhua

verstehen
ymmärtää

fragen
kysyä

hören
kuunnella

trinken
juoda

essen
syödä

zusammenräumen
siivota

lieben
rakastaa

kochen
keittää

fahren
ajaa

fliegen
lentää

segeln

purjehtia

rechnen

laskea

lesen

lukea

lernen

oppia

arbeiten

työskennellä

heiraten

mennä naimisiin

nähen

ommella

Zähne putzen

pestä hampaat

töten

tappaa

rauchen

tupakoida

senden

lähettää

Großmutter
mummo

Großvater
ukki

Vater
isä

Mutter
äiti

Baby
vauva

Tochter
tytär

Sohn
poika

Gast

vieras

Tante

täti

Onkel

setä

Bruder

veli

Schwester

sisko

# Körper
## vartalo

Stirn
otsa

Auge
silmä

Schulter
olkapää

Finger
sormet

Gesicht
kasvot

Kinn
leuka

Hand
käsi

Brust
rinta

Bein
jalka

Arm
käsivarsi

Baby

vauva

Mann

mies

Frau

nainen

Mädchen

tyttö

Junge

poika

Kopf

pää

Rücken

selkä

Bauch

maha

Nabel

napa

Zeh

varvas

Ferse

kantapää

Knochen

luu

Hüfte

lantio

Knie

polvi

Ellbogen

kyynärpää

Nase

nenä

Gesäß

takapuoli

Haut

iho

Wange

poski

Ohr

korva

Lippe

huuli

Mund

suu

Zahn

hammas

Zunge

kieli

Gehirn

aivot

Herz

sydän

Muskel

lihas

Lunge

keuhkot

Leber

maksa

Magen

vatsa

Nieren

munuaiset

Geschlechtsverkehr

seksi

Kondom

kondomi

Eizelle

munasolu

Sperma

sperma

Schwangerschaft

raskaus

Menstruation

kuukautiset

Vagina

vagina

Penis

penis

Augenbraue

kulmakarvat

Haar

hiukset

Hals

niska

Spital
sairaala

Rettung
ambulanssi

Rollstuhl
pyörätuoli

Bruch
murtuma

Ärztin

lääkäri

Notaufnahme

ensiapu

Krankenschwester

sairaanhoitaja

Notfall

hätätilanne

ohnmächtig

tajuton

Schmerz

kipu

**Verletzung**

vamma

**Blutung**

verenvuoto

**Herzinfarkt**

sydänkohtaus

**Schlaganfall**

aivoinfarkti

**Allergie**

allergia

**Husten**

yskä

**Fieber**

kuume

**Grippe**

flunssa

**Durchfall**

ripuli

**Kopfschmerzen**

päänsärky

**Krebs**

syöpä

**Diabetes**

diabetes

**Chirurg**

kirurgi

**Skalpell**

veitsi

**Operation**

leikkaus

CT

ct

Röntgen

röntgen

Ultraschall

ultraääni

Maske

maski

Krankheit

sairaus

Wartezimmer

odotushuone

Krücke

sauva

Pflaster

laastari

Verband

side

Injektion

pistos

Stethoskop

stetoskooppi

Trage

paarit

Thermometer

kuumemittari

Geburt

syntymä

Übergewicht

ylipaino

Hörgerät

kuulolaite

Desinfektionsmittel

desinfiointiaine

Infektion

infektio

Virus

virus

HIV / AIDS

HIV / AIDS

Medizin

lääke

Impfung

rokotus

Tabletten

tabletit

Pille

pilleri

Notruf

hätäpuhelu

Blutdruckmesser

verenpainemittari

krank / gesund

sairas / terve

Hilfe!

Apua!

Alarm

hälytys

Überfall

ryöstö

Angriff

hyökkäys

Gefahr

vaara

Notausgang

hätäuloskäynti

Feuer!

Tulipalo!

Feuerlöscher

palosammutin

Unfall

onnettomuus

Erste-Hilfe-Koffer

ensiapulaukku

SOS

SOS

Polizei

poliisilaitos

Europa

Eurooppa

Nordamerika

Pohjois-Amerikka

Südamerika

Etelä-Amerikka

Afrika

Afrikka

Asien

Aasia

Australien

Australia

Atlantik

Atlantin valtameri

Pazifik

Tyynimeri

Indische Ozean

Intian valtameri

Antarktische Ozean

Eteläinen jäämeri

Arktische Ozean

Pohjoinen jäämeri

Nordpol

pohjoisnapa

Südpol

etelänapa

Antarktis

Antarktis

Erde

maa

Land

maa

Meer

meri

Insel

saari

Nation

kansa

Staat

osavaltio

Ziffernblatt

kellotaulu

Stundenzeiger

tuntiviisari

Minutenzeiger

minuuttiviisari

Sekundenzeiger

sekuntiviisari

Wie spät ist es?

Paljonko kello on?

Tag

päivä

Zeit

aika

jetzt

nyt

Digitaluhr

digitaalikello

Minute

minuutti

Stunde

tunti

# Woche
## viikko

Montag / maanantai
Mittwoch / keskiviikko
Freitag / perjantai
Dienstag / tiistai
Samstag / lauantai
Donnerstag / torstai
Sonntag / sunnuntai

gestern

eilen

heute

tänään

morgen

huomenna

Morgen

aamu

Mittag

keskipäivä

Abend

ilta

| MO | TU | WE | TH | FR | SA | SU |
|----|----|----|----|----|----|----|
| 1 | 2 | 3 | 4 | 5 | 6 | 7 |
| 8 | 9 | 10 | 11 | 12 | 13 | 14 |
| 15 | 16 | 17 | 18 | 19 | 20 | 21 |
| 22 | 23 | 24 | 25 | 26 | 27 | 28 |
| 29 | 30 | 31 | 1 | 2 | 3 | 4 |

Arbeitstage

työpäivät

| MO | TU | WE | TH | FR | SA | SU |
|----|----|----|----|----|----|----|
| 1 | 2 | 3 | 4 | 5 | 6 | 7 |
| 8 | 9 | 10 | 11 | 12 | 13 | 14 |
| 15 | 16 | 17 | 18 | 19 | 20 | 21 |
| 22 | 23 | 24 | 25 | 26 | 27 | 28 |
| 29 | 30 | 31 | 1 | 2 | 3 | 4 |

Wochenende

viikonloppu

Regen
sade

Regenbogen
sateenkaari

Wind
tuuli

Schnee
lumi

Frühling
kevät

Sommer
kesä

Herbst
syksy

Winter
talvi

| 4.APRIL | 11° | |
| 5.APRIL | 4° | |
| 6.APRIL | 13° | |
| 7.APRIL | 8° | |
| 8.APRIL | 10° | |

Wettervorhersage

sääennuste

Thermometer

lämpömittari

Sonnenschein

auringonpaiste

Wolke

pilvi

Nebel

sumu

Luftfeuchtigkeit

ilmankosteus

Blitz

salama

Donner

ukkonen

Sturm

myrsky

Hagel

rae

Monsun

monsuuni

Flut

tulva

Eis

jää

Jänner

tammikuu

Februar

helmikuu

März

maaliskuu

April

huhtikuu

Mai

toukokuu

Juni

kesäkuu

Juli

heinäkuu

August

elokuu

September
...............
syyskuu

Oktober
...............
lokakuu

November
...............
marraskuu

Dezember
...............
joulukuu

Kreis
...............
ympyrä

Quadrat
...............
neliö

Rechteck
...............
suorakulmio

Dreieck
...............
kolmio

Kugel
...............
pallo

Würfel
...............
kuutio

weiß

valkoinen

gelb

keltainen

orange

oranssi

pink

vaaleanpunainen

rot

punainen

lila

violetti

blau

sininen

grün

vihreä

braun

ruskea

grau

harmaa

schwarz

musta

viel / wenig

paljon / vähän

wütend / friedlich

vihainen / ystävällinen

hübsch / hässlich

kaunis / ruma

Anfang / Ende

alku / loppu

groß / klein

suuri / pieni

hell / dunkel

vaalea / tumma

Bruder / Schwester

veli / sisko

sauber / schmutzig

puhdas / likainen

vollständig / unvollständig

täydellinen / epätäydellinen

Tag / Nacht

päivä / yö

tot / lebendig

kuollut / elävä

breit / schmal

leveä / kapea

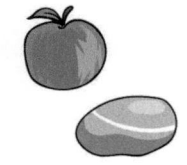

genießbar / ungenießbar

syötävä / syömäkelvoton

böse / freundlich

paha / kiltti

aufgeregt / gelangweilt

innostunut / tylsistynyt

dick / dünn

lihava / laiha

zuerst / zuletzt

ensimmäinen / viimeinen

Freund / Feind

ystävä / vihollinen

voll / leer

täysi / tyhjä

hart / weich

kova / pehmeä

schwer / leicht

painava / kevyt

Hunger / Durst

nälkä / jano

krank / gesund

sairas / terve

illegal / legal

laiton / laillinen

gescheit / dumm

älykäs / tyhmä

links / rechts

vasen / oikea

nah / fern

lähellä / kaukana

neu / gebraucht

uusi / käytetty

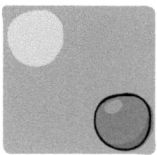

nichts / etwas

ei mitään / jotain

alt / jung

vanha / nuori

an / aus

päällä / pois päältä

offen / geschlossen

auki / kiinni

leise / laut

hiljainen / äänekäs

reich / arm

rikas / köyhä

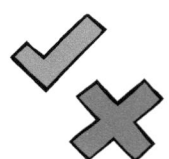

richtig / falsch

oikein / väärin

rau / glatt

karhea / sileä

traurig / glücklich

surullinen / iloinen

kurz / lang

lyhyt / pitkä

langsam / schnell

hidas / nopea

nass / trocken

märkä / kuiva

warm / kühl

lämmin / viileä

Krieg / Frieden

sota / rauha

| **0** | **1** | **2** |
|---|---|---|
| null | eins | zwei |
| nolla | yksi | kaksi |

| **3** | **4** | **5** |
|---|---|---|
| drei | vier | fünf |
| kolme | neljä | viisi |

| **6** | **7** | **8** |
|---|---|---|
| sechs | sieben | acht |
| kuusi | seitsemän | kahdeksan |

| **9** | **10** | **11** |
|---|---|---|
| neun | zehn | elf |
| yhdeksän | kymmenen | yksitoista |

**12**

zwölf

kaksitoista

**13**

dreizehn

kolmetoista

**14**

vierzehn

neljätoista

**15**

fünfzehn

viisitoista

**16**

sechzehn

kuusitoista

**17**

siebzehn

seitsemäntoista

**18**

achtzehn

kahdeksantoista

**19**

neunzehn

yhdeksäntoista

**20**

zwanzig

kaksikymmentä

**100**

hundert

sata

**1.000**

tausend

tuhat

**1.000.000**

Million

miljoona

Englisch

englanti

Amerikanisches Englisch

amerikanenglanti

Chinesisch (Mandarin)

mandariinikiina

Hindi

hindi

Spanisch

espanja

Französisch

ranska

Arabisch

arabia

Russisch

venäjä

Portugiesisch

portugali

Bengalisch

bengali

Deutsch

saksa

Japanisch

japani

ich
minä

du
sinä

er / sie / es
hän

wir
me

ihr
te

sie
he

Wer?
kuka?

Was?
mitä / mikä?

Wie?
miten?

Wo?
missä?

Wann?
milloin?

Name
nimi

hinter
......................
takana

in
......................
sisällä

vor
......................
edessä

über
......................
yläpuolella

auf
......................
päällä

unter
......................
alapuolella

neben
......................
vieressä

zwischen
......................
välissä

Ort
......................
paikka